Los gases

William B. Rice

Asesor

Scot Oschman, Ph.D.
Distrito escolar unificado península de Palos Verdes
Rancho Palos Verdes, California

Créditos

Dona Herweck Rice, *Gerente de redacción*; Lee Aucoin, *Directora creativa*; Don Tran, *Gerente de diseño y producción;* Timothy J. Bradley, *Gerente de ilustraciones*; Conni Medina, M.A.Ed., *Directora editorial*; Katie Das, *Editora asociada*; Neri Garcia, *Diseñador principal*; Stephanie Reid, *Editora fotográfica*; Rachelle Cracchiolo, M.S.Ed., *Editora comercial*

Créditos fotográficos

portada Eliza Snow/iStockphoto; p.1 Eliza Snow/iStockphoto; p.4 (primer plano izquierda) Lee Torrens/Shutterstock, (fondo izquierda) NASA, (derecha) Kochneva Tetyana/Shutterstock; p.5 Lynn Watson/Shutterstock; p.6 juliengrondin/Shutterstock; p.7 Todd Mestemacher/ Shutterstock; p.8 Alex Jackson/Shutterstock; p.9 (arriba) Mana Photo/Shutterstock, (abajo) Li Chaoshu/Shutterstock; p.10 Vidux/Shutterstock; p.11 Oleg F/Shutterstock; p.12 Oleg F/ Shutterstock; p.13 PhotoAlto/SuperStock; p.14 MADDRAT/Shutterstock; p.15 Josef Mohyla/ Shutterstock; p.16 Beth Van Trees/Shutterstock; p.17 (fondo) Alexey Skachkov/Shutterstock; p.18 (fondo) Infomages/Dreamstime.com, (primer plano) Elzbieta Sekowska/Shutterstock; p.19 Ken Karp/Digital Light Source/Newscom; p.20 (izquierda) eva serrabassa/iStockphoto, (derecha) paul benefield/Shutterstock; p.21 (primer plano) Darren Hedges/Shutterstock; p.22 Grafissimo/ iStockphoto; p.23 Joe Kucharski/Shutterstock; p.24 (izquierda) Leene/Shutterstock, (medio) Jay Crihfield /Shutterstock, (derecha) cloki/Shutterstock; p.25 (medio) Alan J. Goulet/iStockphoto, (derecha) Eliza Snow/iStockphoto; p.26 Jaywarren79/Shutterstock; p.27 (fondo) Hemera Technologies/Ablestock, (primer plano arriba) Charles Shapiro/Shutterstock, (primer plano abajo) Smit/Shutterstock; p.28 Rocket400 Studio/Shutterstock; p.29 Ana Clark; p.32 (izquierda) Roberto Danovaro, (derecha) Roberto Danovaro

Teacher Created Materials
5301 Oceanus Drive
Huntington Beach, CA 92649-1030
http://www.tcmpub.com

ISBN 978-1-4333-2589-2

Printed in China
Nordica.082019.CA21901100

Tabla de contenido

Todo sobre la materia 4

Los estados de la materia 6

Todo sobre el gas. 16

¡Cuánto gas! 26

Apéndices 28

Laboratorio de ciencias: ¿Qué es la evaporación? 28

Glosario 30

Índice 31

Un científico actual 32

Todo sobre la materia

¿Qué es la **materia**? La materia es de lo que está hecho todo.

Las cosas que vemos, oímos, olemos, saboreamos y tocamos están hechas de materia. Esta página está hecha de materia. Tú estás hecho de materia. Mira hacia arriba. ¿Qué ves? ¡Lo que sea que veas, también está hecho de materia!

Todo está hecho de materia.

Los estados de la materia

Hay tres **estados de la materia**. El primero es el sólido. Un sólido es como el hielo o una roca. El segundo es el líquido. Un líquido es como el agua o la lava. El tercero es el gaseoso. Un gas es por ejemplo el aire o el vapor.

En esta escena puedes ver el gas, el líquido y el sólido. ¿Puedes encontrarlos?

Toda la materia está compuesta de **partículas**. Las partículas son partes muy pequeñas. Las partes pueden estar muy juntas o separadas. Pueden moverse mucho o estar tranquilas. Qué tan cerca están unas de otras y cómo se mueven ayudan a decidir el estado de la materia que forman.

Hay la mayor cantidad de espacio entre las partículas de un gas.

líquido

sólido

La materia puede cambiar. El calor cambia la materia. El calor hace que un sólido se funda. El sólido se convierte en líquido. El calor hace **evaporar** los líquidos. El líquido se transforma en gas.

Este vapor se está evaporando del agua caliente.

El hierro puede calentarse, fundirse y tomar la forma de herramientas.

Las partículas comienzan a separarse cuando la materia se calienta. El calor cambia el estado de la materia.

El frío también puede cambiar la materia. El frío puede hacer que un líquido se congele. El líquido se transforma en sólido. El frío puede transformar el gas en líquido. Eso se llama **condensación**.

¡El frío transformó el agua en hielo para que este oso polar pudiera dar un paseo!

Ves la condensación cada vez que te das un baño caliente. El vapor del aire choca contra el espejo frío. El gas se transforma en líquido.

El estado de la materia depende también de sus **propiedades**. Las propiedades son cómo se ve, se siente o se comporta algo.

¿Cómo sabes que esto es un gas?

Las propiedades de un gas son lo que lo hacen un gas. ¿Ocupa espacio? ¿Tiene peso? ¿Mantiene su forma? Estas respuestas te dicen sobre algunas de las propiedades de un gas.

Todo sobre el gas

Una propiedad es la forma. Las partículas de los gases están muy separadas. Eso quiere decir que los gases no tienen una forma fija. La forma cambia según cuánto espacio tenga.

El gas se expande para ocupar el espacio.

Cuando la materia es un sólido, las partículas están muy juntas. Cuando la materia es un líquido, las partículas están más separadas. Cuando la materia es un gas, las partículas están aun más separadas.

Otra propiedad es el **volumen**. El volumen es la cantidad de espacio que algo ocupa. Un gas se expande tan grande como puede. Su volumen cambia según el tamaño del recipiente.

Un recipiente contiene algo. Este frasco es un recipiente. Contiene un sólido. A diferencia de los gases, los sólidos se quedan en el recipiente.

Si puede, el gas se escapa del recipiente.

Si calientas el agua, se transforma en gas. El gas ocupa más volumen que el agua. El agua tiene más volumen cuando se transforma en vapor.

Dato curioso

Todos los días respiras gas. ¡El aire es un gas!

La presión del vapor hace andar este tren. El volumen del gas (vapor) ayuda a hacer la presión.

Otra propiedad es el peso. ¿Tiene peso un gas? Sopla aire dentro de un globo. ¿El globo pesa más ahora que antes? Sí, pero apenas. Los gases pesan muy poco. Parece que no pesan nada.

Si los globos se inflaran con líquidos o sólidos, no serían lo suficientemente livianos para flotar.

Intenta responder todas estas preguntas. ¿Tienen forma los gases? ¿Tienen peso? ¿Ocupan espacio?

¿Puedes ver los signos de gas en cada una de estas fotografías?

Los gases toman la forma de sus recipientes. Pesan muy poco. ¡Y ocupan todo el espacio que pueden!

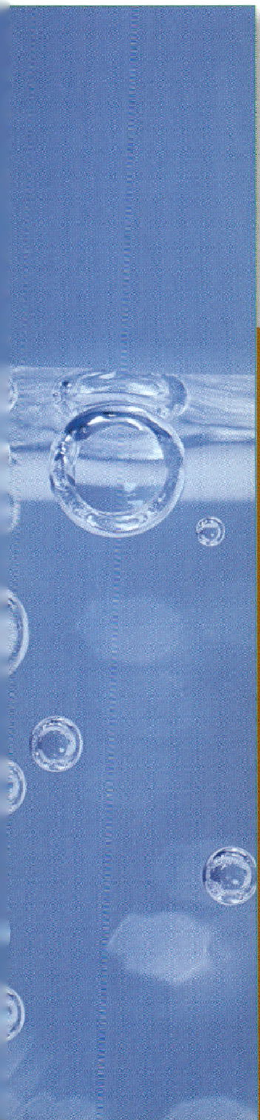

¡Cuánto gas!

Necesitamos los gases para vivir. Cada vez que respiras, respiras gas. También exhalas gas. Tal vez no siempre lo veas, huelas u oigas, pero el gas está allí. ¡Los gases están en todas partes!

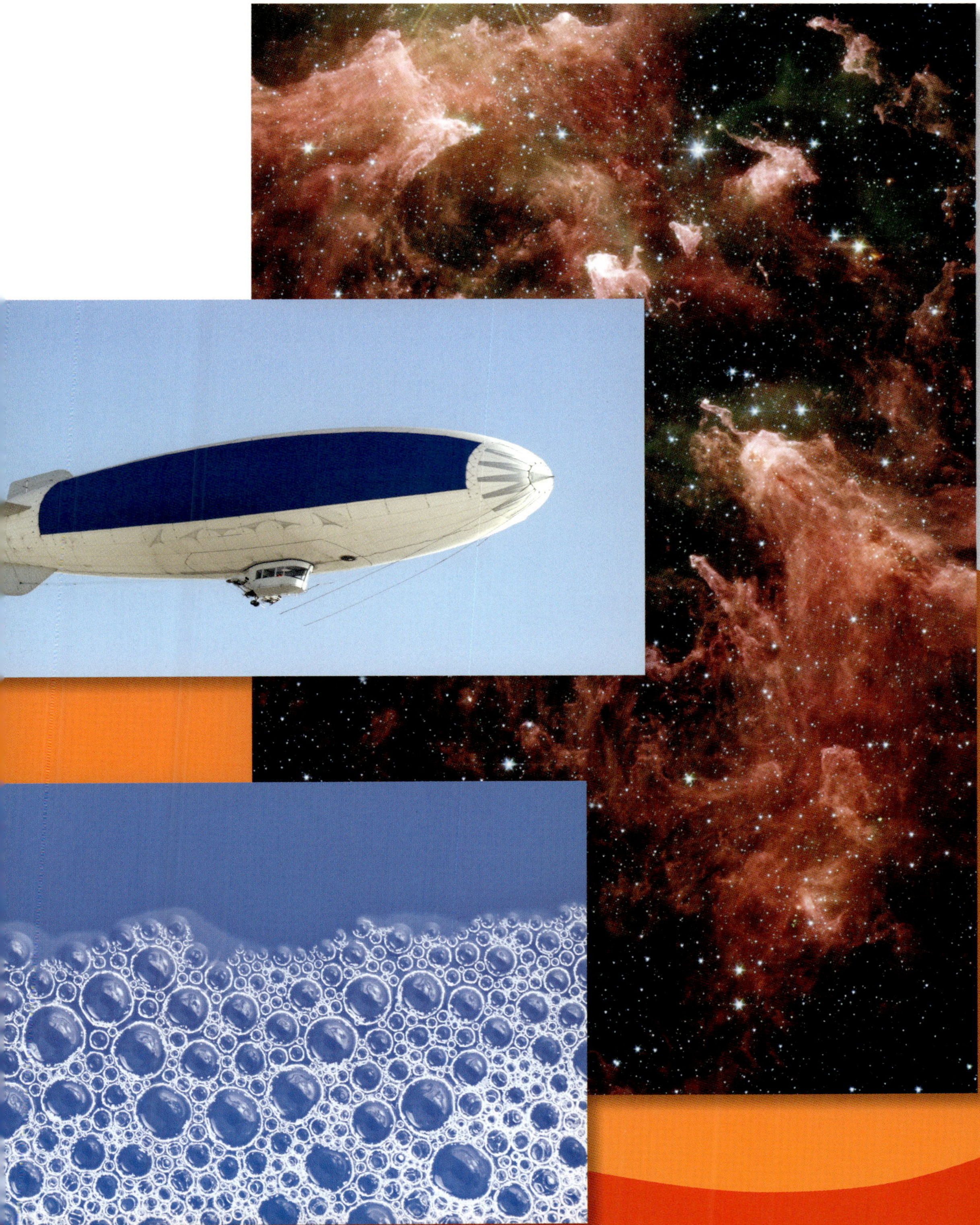

Laboratorio de ciencias: ¿Qué es la evaporación?

Si sigues estos pasos, puedes ver la evaporación en acción.

Materiales:

- 2 vasos de plástico claro
- marcador
- envoltura plástica
- agua
- un día soleado

Procedimiento:

1. Llena ambos vasos con agua. Asegúrate de que tengan la misma cantidad de agua.
2. Tapa uno de los vasos con envoltura plástica.
3. Marca la línea del agua en ambos vasos.
4. Coloca los vasos afuera al sol donde nada los hará caer.

5 Después de dos horas, revisa los vasos. ¿Bajó el nivel de agua en uno de los vasos? Marca la nueva línea de agua.

6 En dos horas más, vuelve a revisar. Vuelve a marcar la línea de agua.

7 Continúa revisando. Verás que el vaso que no está cubierto está perdiendo agua. Pero el agua no se derramó. Se evaporó con el calor del sol. La envoltura plástica no permite que el agua del segundo vaso se evapore, y por eso toda el agua debería estar allí.

Glosario

condensación—la acción de transformar un gas en líquido

estados de la materia—las diferentes formas que puede adoptar la materia, que incluyen sólido, líquido y gaseosa

evaporar—transformar un líquido en gas

materia—cualquier cosa que ocupa espacio

partículas—pequeñas partes de algo

propiedades—las maneras en que algo se ve, se siente y se comporta

volumen—cantidad de espacio que ocupa algo

Índice

calor, 10–11

condensación, 12–13

estados de la materia, 6, 8, 14

evaporar, 10

forma, 11, 15–16, 24–25

frío, 12–13

materia, 4–6, 8, 10–12, 14, 17

partículas, 8, 11, 16–17

propiedades, 14–16, 22

volumen, 18, 20–21

Un científico actual

Roberto Danovaro vive en Italia. Es un científico que estudia los animales marinos. ¡Descubrió el primer animal pluricelular que conocemos que vive sin oxígeno! Este animal vive en el lodo en el fondo del océano.

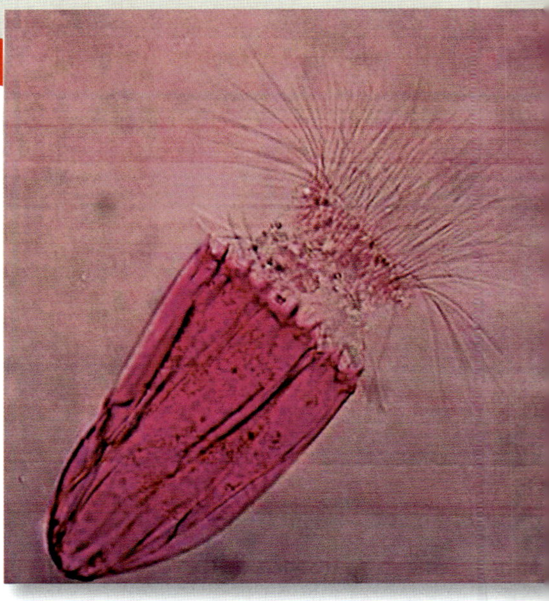